17 dec. 1866

CATALOGUE

D'UNE JOLIE RÉUNION

D'OBJETS D'ART

ET DE CURIOSITÉ

MAJOLIQUES ITALIENNES

DES XVe, XVIe, XVIIe & XVIIIe SIÈCLES

Collectionnés par M. G... D...

PENDANT SON SÉJOUR EN ITALIE

DONT LA VENTE AUX ENCHÈRES PUBLIQUES AURA LIEU

HOTEL DROUOT

GRANDE SALLE N° 8

Les Lundi 17 & Mardi 18 Décembre 1866, à deux heures.

Me **DELBERGUE-CORMONT,** Commissaire-Priseur,
rue de Provence, 8,
Assisté de M. **DHIOS,** Expert, rue Le Peletier, 33,
Chez lesquels se distribue le présent Catalogue.

EXPOSITION PUBLIQUE

Le Dimanche 16 Décembre 1866, de 1 heure à 5 heures

PARIS
RENOU & MAULDE
IMPRIMEURS DE LA COMPAGNIE DES COMMISSAIRES-PRISEURS
rue de Rivoli, 144

1866

EXEMPLAIRE DE DHIOS

CATALOGUE

D'UNE JOLIE RÉUNION

D'OBJETS D'ART

ET DE CURIOSITÉ

MAJOLIQUES ITALIENNES

DES XVe, XVIe, XVIIe & XVIIIe SIÈCLES

Collectionnés par M. G... D...

PENDANT SON SÉJOUR EN ITALIE

DONT LA VENTE AUX ENCHÈRES PUBLIQUES AURA LIEU

HOTEL DROUOT

GRANDE SALLE N° 8

Les Lundi 17 & Mardi 18 Décembre 1866, à deux heures.

Me **DELBERGUE-CORMONT**, Commissaire-Priseur,
rue de Provence, 8,
Assisté de M. **DHIOS**, Expert, rue Le Peletier, 33,
Chez lesquels se distribue le présent Catalogue.

EXPOSITION PUBLIQUE

Le Dimanche 16 Décembre 1866, de 1 heure à 5 heures.

PARIS
RENOU & MAULDE
IMPRIMEURS DE LA COMPAGNIE DES COMMISSAIRES-PRISEURS
rue de Rivoli, 144.

1866

CONDITIONS DE LA VENTE

Elle sera faite au comptant.

Les Acquéreurs paieront CINQ POUR CENT, en sus du prix d'adjudication, applicables aux frais.

L'Exposition mettant le public à même de se rendre compte de l'état des Objets, il ne sera admis aucune réclamation une fois l'adjudication prononcée.

DÉSIGNATION

FAÏENCES ITALIENNES

Fabrique de Gubbio.

1 — Coupe à reflets métalliques, élevé sur piédouche, décoré d'un sujet représentant un jeune homme en costume du temps d'Henry II, embrassant une jeune femme à laquelle il offre une fleur; sur une banderolle on lit une devise normande :

Il est doux d'aimer.

Cette pièce, de la plus belle époque de l'art italien, rappelle par la beauté du travail les œuvres de Gubbio.

Diam. 27 c.

2 — Coupe à reflets métalliques, élevé sur piédouche, bleu, or et cerise; au centre, dans un médaillon, se trouve la lettre A, initiale de *Maester Giorgio Andreale*; marly à rinceaux et bandes alternées.

Très-jolie pièce d'une rare conservation.

Diam. 24 c.

3 — Grande coupe à reflets métalliques, hérissée bleu, or et cerise, ornements en relief; olombic saillant décoré d'un vase foyer ardent consumant un cœur traversé d'une flèche; marly à monument et larmes en relief.

Jolie pièce d'un bel effet.

Diam. 24 c.

4 — Coupe de mariée à reflets métalliques, hérissée or, bleu et cerise, olombic saillant décoré de deux mains enlacées au-dessus d'un cœur surmonté d'une couronne ; marly à losange alterné de fleurs.

Jolie pièce à beaux reflets bien conservés.

Diam. 22 c.

5 — Coupe ronde à reflets métalliques, bleu, cerise et or, olombic creux à rosace ; marly orné d'un ornement courant.

Jolie pièce bien conservée.

Diam. 21.

6 — Petite coupe à reflets métalliques, bleu et or ; au centre olombic saillant décoré du buste du petit Saint Jean en relief ; marly et rinceaux alternés d'écaille et bandes.

Petite pièce très-fine d'exécution.

Diam. 17.

7 — Plat à reflets métalliques, décoré d'un sujet représentant Hercule terrassant Cerbère.

Cette superbe pièce qui malheureusement a souffert est attribuée à *Maester Giorgio*, est digne de fixer l'attention des amateurs.

Diam. 28 c.

Fabrique de Pésaro.

8 — Grand plat creux, décoré dans le goût d'Albert Durer d'un sujet représentant Jésus au Jardin des Oliviers ; le marly est richement décoré d'arabesques et rinceaux.

Diam. 44.

9 — Grand plat à reflets, décoré d'un portrait de jeune homme, avec cette inscription sur une banderolle :

Madalena Bella.

Marly décoré de bandes et feuillages alternés de rinceaux.

Diam. 40 c.

10 — Grand plat à reflets, le centre représente un cavalier tartare; marly à bandes, feuillages et rinceaux alternes.

Diam. 41 c.

11 — Plat à reflet or et cerise, à losanges et olombic saillant, décoré d'une tour surmontée d'une couronne.

Diam. 30 c.

12 — Très-beau plat à reflets métalliques, hérissé or et bleu, olombic saillant, lettre gothique, ornements et rinceaux.

Diam. 35 c.

13 — Plat à olombic creux, décoré d'un blason avec lettres initiales et feuillages; marly à rubans et rinceaux.

Diam. 31 c.

14 — Petit plat à reflet nacré bleu et or à olombic creux, décoré d'une lettre et d'ornements gothiques.

Diam. 24 c.

15 — Coupe à reflets métalliques, or bleu et blanc, sur l'olombic est représenté l'Agneau pascal; marly à ornements alternés de fleurs.

Diam. 23 c.

16 — Plateau à reflets métalliques, olombic saillant décoré d'une tête d'homme; bordure à rinceaux alternés.

Diam. 33 c.

17 — Joli vase à reflets métalliques à deux anses, décoré d'un double médaillon à portrait; ornements et rinceaux.

H. 29 c.

Fabrique d'Urbino.

18 — Deux grands vases de forme ovoïde élevés sur piédouche, décorés de médaillons à portraits et arabesques, les anses sont formées de sirènes ailées avec têtes de mascarons.

H. 65 c.

19 — Deux grands vases ovoïdes élevés sur piédouches à double médaillon de portraits; les anses sont formés de serpents enroulés et de mascarons.

H. 67.

20 — Deux vases fond bleu à arabesques et double médaillon de portrait; anses de serpents et mascarons.

H. 38.

21 — Vase à long col forme bouteille, avec médaillon représentant Lucrèce.

H. 42 c.

22 — Deux vases ovoïdes élevés sur piédouche, décorés d'arabesques et portraits; anses formées d'animaux chimériques ailés.

H. 38 c.

23 — Vase vénitien bleu et blanc décoré de fleurs, le haut est à galerie à jour ; anses à motif d'architecture.

H. 32 c.

24 — Vase fond bleu d'empois, médaillon à portrait ; les anses sont formées par deux sirènes.

25 — Très - grand plat représentant le Dévouement de Curtius ; riche composition animée d'un grand nombre de figures et blason aux armes d'un cardinal.

Diam. 56.

Cadre en chêne.

26 — Grand plat décoré d'un sujet représentant la Dispute des Muses et des Péréides ; belle composition animée d'un grand nombre de personnages.

Diam. 40 c.

Beau cadre bois sculpté et doré.

27 — Grand plat rond à bossages creux, décoré d'un sujet représentant Joseph et Putiphar ; marly à rinceaux.

Diam. 47 c.

28 — Plat décoré d'un sujet représentant saint Jérôme agenouillé devant la Croix ; dans le fond on aperçoit une ville.

Ce beau plat d'un bel émail est parfaitement conservé.

Diam. 27.

29 — Plat décoré d'un sujet biblique de quatre figures au milieu d'un paysage.

Jolie pièce d'un bel émail.

Diam. 29.

30 — Petit plat rond et creux décoré d'un sujet représentani Noé invoquant le Père éternel.

Diam. 23 c.

31 — Plateau rond, au centre un médaillon représentant l'Amour tenant une corne d'abondance; la bordure est décorée d'Amours, chimères et rinceaux.

Diam. 35 c.

32 — Coupe élevée sur piédouche à bossages; au centre jeune guerrier debout au milieu d'un paysage, entourage et bordure alternés de rinceaux, rosaces et feuillages.

Jolie pièce d'un bel émail.

Diam. 30.

33 — Coupe profonde à bossages élevée sur piédouche ; au centre un médaillon : l'Amour tenant son arc; encadrement et rinceaux, émail vert et jaune, bord festonné.

Diam. 28 c.

34 — Coupe profonde à bossages élevée sur piédouche, bord festonné ; au centre un médaillon représentant l'Amour armé.

Diam. 27 c.

35 — Coupe profonde décorée d'un sujet représentant Judith tenant la tête d'Olopherne; sur le bord deux guerriers, dans le fond une ville.

Pièce très-ancienne.

Diam. 24 c.

36 — Aiguière d'une jolie forme décorée d'une danse d'enfants et de rinceaux ; l'anse est formée d'une figure se terminant en cariatide posée sur une tête de bouc.

H. 47.

37 — Deux dragons ailés formant bouteille.

H. 42.

38 — Salière élevée sur quatre figures de femme formant cariatides ; au centre portrait de femme.

39 — Pot à tabac décoré de fleurs et rosaces.

Fabrique de Castel-Durante.

40 — Grand plat représentant un souverain oriental recevant des ambassadeurs.

Diam. c.

41 — Grand plat creux décoré d'arabesques ; au centre un médaillon : figure de la Justice.

Diam. 44 c.

42 — Grand plat à bossages décoré de guirlandes ; au centre un médaillon de jeune femme.

Diam. 46 c.

43 — Coupe sur piédouche décorée d'arabesques et d'animaux chimériques, pièce gaufrée et festonnée.

Diam. 25 c.

44 — Coupe sur piédouche décorée d'arabesques ; au centre médaillon : animaux chimériques.

Diam. 25 c.

Fabrique de Faënza.

45 — Vasque forme basse décorée d'un sujet représentant Diane et Actéon, d'un blason et de lettres initiales.

Diam. 38 c.

46 — Grand plat creux représentant le sacrifice d'Abraham; marly décoré d'un ornement courant à coquille.

Diam. 00 c.

47 — Plat gaufré, à olombic saillant décoré d'un blason.

Diam. 38 c.

48 — Deux vases forme Louis XVI, décorés de fruits en relief; les anses sont formées de têtes de béliers.

H. 33 c.

49 — Deux consoles, support figurant une tête de faune.

Fabrique de Castelli.

50 — Grand et beau plat décoré d'une vaste composition représentant le départ d'un César pour la guerre; le marly est orné d'une jolie bordure : figures de jeunes femmes, animaux et rinceaux.

Diam. 56 c.

51 — Autre grand et beau plat décoré d'une vaste composition représentant le Triomphe d'un César traînant sur son char des rois esclaves.

Ce plat et le précédent forment pendant et sont deux magnifiques spécimens de l'ancienne fabrique de Castelli.

Diam. 56 c.

52 — Vase élevé sur piédouche, avec couvercle, décors à paysage et figures.

Jolie pièce.

H. 42 c.

53 — Deux plaques représentant la Toilette de l'Amour et le Repas des Bergers, encadrement à figures d'enfants tenant des fruits, et de têtes de mascarons.

Jolies pièces formant pendant, très-fines de peinture et d'un bel émail.

H. 19 c. L. 27 c.

54 — Grande plaque représentant un sujet de l'histoire romaine.

H. 35 c. L. 24 c.

55 — Plaque représentant une Nymphe endormie surprise par l'Amour, fond de paysage.

H. 20 c. L. 26 c.

56 — Plaque représentant quatre personnages près d'un palais.

H. 20 c. L. 25 c.

57 — Plaque représentant la Résurrection de Lazare.

H. 25 c. L. 33. c.

58 — Plaque représentant un paysage avec architecture.

H. 20 c. L. 27 c.

59 — Autre plaque : paysages, monuments et personnages.

H. 20 c. L. 27 c.

60 — Plaque représentant Sainte Cécile ; composition d'après Raphaël.

H. 30 c. L. 22 c.

61 — Plaque ronde représentant Moïse sauvé des eaux.

Diam. 24 c.

62 — Plaque ronde, le Christ au roseau.

Diam. 24 c.

Pendant.

Fabrique de Venise.

63 — Vase ovoïde à couvercle, décoré de trois médaillons, fleurs et oiseaux.

H. 46 c.

64 — Deux vases à anses et goulot décorés de fleurs et d'animaux.

65 — Deux cache-pots en porcelaine de Venise, fond blanc décoré de fleurs et d'initiales.

66 — Plateau ovale, en faïence de Venise, bordure en elief à fleurs et feuillages; au centre, femme assise au milieu d'un paysage.

Longueur 41 c.

67 — Plat rond décoré d'un sujet peint, vieille femme avec son chien. Jolie bordure d'enfants et rinceaux en relief.

Diam. 33 c.

Faïences de diverses Fabriques italiennes.

68 — Service en ancienne faïence de Milan, composé de 20 plats ronds et ovales et de 20 assiettes plates et creuses décorés dans le goût chinois.

69 — Douze assiettes à bord dentelé, fond bleu et médaillons de figures et paysages, époque Louis XV. Fabrique de Milan.

70 — Petit déjeuner décoré dans le goût japonais. Faïence de Milan.

71 — Un bas-relief ovale représentant la Vierge agenouillée devant l'Enfant Jésus; draperies blanches, fond bleu d'azur, encadrement de fruits et fleurs.

Suite della Robbia.

H. 81 c. L. 58 c.

72 — Quatre grands médaillons ronds. Portraits de jeunes femmes en riche costume du XVIe siècle. Bordures de fruits et fleurs en relief.

Seront vendus séparément.

Suite della Robbia.

73 — Bas-relief, émail blanc, représentant deux figures de femmes drapées et un Amour.

Suite della Robbia.

H. 44 c. L. 36 c.

74 — Grand plat italo-mauresque à reflets or et jaune sur fond blanc.

Diam. 42 c.

75 — Petit plateau italo-mauresque à reflets, élevé sur piédouche, décoré d'un vase rempli de fleurs.

Diam. 20 c.

76 — Plat à décor bleu. Guerrier et une jeune Femme présentant un blason surmonté d'une devise.

Fabrique de Savone.

Diam. 36 c.

77 — Grand plat ovale, à olombic saillant, représentant un blason, décoré de fleurs, paysage et animaux, bleu sur fond blanc.

Fabrique de Savone.

L. 48 c.

78 — Deux jolis vases forme ovoïde à couvercle et anses, fond blanc et bas-relief à figures et feuilles d'acanthe.

Fabrique de Lodi.

H. 45 c.

79 — Buire à couvercle, goulot à tête de mascaron, décoré de fleurs et fruits.

Fabrique de Lodi.

80 — Vase cache-pot, fond blanc décoré de fleurs et bossages, anses à torsade.

Marque à la Lanterne.

H. 25 c.

81 — Grand plat rond à reflets métalliques, décoré d'un sujet représentant une lutte de Tritons; au revers on lit la signature et la date *1540*.

Pièce rare et curieuse.

Fabrique de Crémone.

Diam. 41 c.

82 — Grand plat rond, décor bleu à fleurs, fruits et rinceau; au centre, olombic creux, sur lequel est représenté un monument.

Fabrique de Ravenne.

Diam. 48 c.

83 — Veilleuse avec bol à couvercle fond blanc, décor bleu à rinceaux et armoiries finement peintes.

Fabrique de Moustier.

84 — Aiguière, fond blanc, ornement bleu, goulot à tête de mascarons.

Fabrique italienne.

85 — Petit vase, décor bleu, à arabesques sur fond blanc; dans le fond du vase, figure de Cérès.

Fabrique italienne.

VERRERIE DE VENISE

86 — Très-joli lustre en verre de Venise, de couleurs variées, à deux rangées de lumières.

87 — Deux girandoles en verre de Venise, de couleurs variées, à six lumières.

88 — Grand lustre en verre; ancienne fabrique de Venise.

89 — Une petite suspension en verre de Venise, avec chaînes à rosaces de couleur, terminée par une couronne

MARBRES, TERRES CUITES

90 — Statuette de la Vierge en marbre blanc de Carrare. Socle en bois sculpté.

H. 76 c.

91 — Femme drapée; statuette en marbre blanc.

H. 58 c.

92 — Femme drapée tenant une fleur; marbre blanc.

H. 58 c.

93 — Petit buste en marbre blanc. Jeune Femme la gorge découverte.

H. avec le socle, 40 c.

94 — Buste de femme en marbre noir, posé sur fût de colonne marbre noir.

H. avec le socle, 68 c.

94 *bis* — Deux jolis bustes de jeunes femmes, formant pendants, marbre blanc; les draperies sont faites de marbre noir, sur socle en marbre à coquille.

95 — Un groupe en terre cuite, représentant deux Enfants luttant. XVIIe siècle.

H. 40 c.

CUIVRES REPOUSSÉS

BRONZES ITALIENS

96 — Brasero brûle-parfum en cuivre rouge forme cylindrique, posé sur quatre pieds de biche et orné de quatre têtes de béliers en bronze doré; le couvercle découpé à jour est orné de têtes de mascarons finement repoussés.

Beau travail vénitien du XVIe siècle.

97 — Grand brasero vénitien en cuivre rouge repoussé, élevé sur pied à bossages, couvercle repercé à jour.

Pièce d'une jolie forme.

H. 78 c.

98 — Très grande vasque de forme ronde, en cuivre rouge repoussé à bossages, anses mobiles.

Travail vénitien.

Diam. 75 c.

99 — Très-grande vasque de forme ovale, à bords évasés, en cuivre jaune.

L. 73 c.

100 — Grande vasque ovale en cuivre rouge, posée sur des griffes de lion.

Travail vénitein.

101 — Vasque forme basse, en cuivre rouge repoussé, bordure à jour.

102 — Vasque ronde à anses, en cuivre rouge repoussé, à bossages.

Travail vénitien.

Diam. 50 c.

103 — Petite vasque ronde en cuivre rouge repoussé, à bossages.

104 — Petite fontaine en cuivre rouge, à oreillons gravés et frise repoussée.

105 — Très-grande fontaine d'applique en cuivre rouge ornée d'une plaque repoussée à coquille et cornes d'abondance.

106 — Fontaine d'encoignure en cuivre rouge repoussé, à bossages.

107 — Jolie petite fontaine en cuivre rouge, couvercle découpé à jour, bassin forme coquille.

108 — Fontaine à thé à trois robinets, à dragons, cuivre jaune.

Travail vénitien.

109 — Bassin gothique en cuivre jaune repoussé; sujet : Adam et Eve.

110 — Bassin rond en cuivre jaune repoussé, à bossages et rosaces au centre.

111 — Rafraîchissoirs de forme ovale en cuivre rouge repoussé, à bossages, bord évasé, anses à volutes.

Cette jolie pièce est posée sur quatre pieds à griffes de lion.

Travail vénitien.

112 — Grand rafraîchissoir ovale élevé sur piédouche en cuivre rouge repoussé, anses mobiles à têtes de lion.

Travail vénitien.

113 — Seau vénitien en cuivre rouge repoussé et gravé d'ornements et têtes de mascarons.

114 — Aiguière d'une jolie forme en cuivre rouge repoussé d'ornements, feuillages et figures, anse gravée formée d'un serpent terminé par une tête de femme.

Travail vénitien du XVIe siècle.

115 — Une aiguière avec plateau en cuivre gravé et argenté, époque Louis XVI.

116 — Aiguière orientale en cuivre rouge repoussé, ornée d'un croissant.

117 — Grande Brocca en cuivre rouge avec anse, poignée et goulot.

118 — Grande coquille en cuivre repoussé et argenté.

119 — Beau plat en cuivre jaune, gravé de quatre médaillons à personnages mythologiques alternés de cariatides; marly avec médaillons à paysage alternés de rinceaux.

Travail vénitien du XVIe siècle.

Diam. 46 c.

120 - Grand et beau plat gothique en cuivre jaune, repoussé; au centre, Adam et Ève, avec double entourage d'inscriptions, fruits et feuillages.

Diam. 58 c.

121 — Grand plat en cuivre jaune repoussé à ombilic saillant, entourage à inscriptions.

Diam. 56 c.

122 — Autre plus petit, même genre.

Diam. 46 c.

123 — Plat en cuivre jaune repoussé; au centre, rosace à bossages entourée d'inscription.

Diam. 48 c.

124 — Plat gothique en cuivre jaune repoussé d'un sujet représentant le Sacrifice d'Abraham.

Diam. 41 c.

125 — Plat cuivre repoussé et doré, rosace à vases entourée d'inscription.

Diam. 44 c.

126 — Vase d'une jolie forme élevée à deux anses, cuivre jaune.

127 — Grand plat en cuivre jaune repoussé, ombilic saillant à bossages entouré d'inscriptions.

Diam. 57 c.

128 — Plat en cuivre jaune repoussé d'ornements encadrant des fleurs.

Diam. 42 c.

129 — Plateau rond en cuivre rouge repoussé de dauphins fleurdelisés; au centre, un blason.

Diam. 46 c.

130 — Plateau en étain décoré d'ornements à rinceaux du XVIe siècle.

Diam. 30 c.

131 — Grand plateau en étain décoré d'ornements et rinceaux du XVIe siècle.

Diam. 42 c.

132 — Très-grande lampe de suspension en cuivre jaune ornée de têtes d'enfants et de trois chaînes à boule.

133 — Grande lampe d'église en cuivre argenté repoussé et repercé à jour, ornée de plaques de mascarons en argent et de chaînes à boules.

Travail vénitien.

Cette pièce est datée de 1635.

134 — Grande lampe, suspension en cuivre jaune ornée de têtes d'enfants ; le haut est terminé par une couronne, chaînes à boule.

135 — Lampe-suspension en cuivre jaune gravé et repercé à jour, ornée de trois têtes de femmes se terminant en cariatides, chaînes à boules.

136 — Une autre lampe dans le même goût que la précédente.

137 — Lampe-suspension en cuivre jaune, à têtes de femmes, supportée par trois chaînes à boules.

Travail Louis XIII.

138 — Grande lanterne vénitienne d'une forme curieuse, monture en fer ouvragé.

139 — Une autre lanterne plus petite dans le même goût.

140 — Lanterne vénitienne en cuivre jaune repoussé, ornée d'un blason et de verres gravés.

141 — Reliquaire du xve siècle en cuivre doré; le pied est orné de plaques émaillées et de fleurs de lis gravées. Le haut est de forme hexagone monumentale avec figures de saints gravés.

H. 40 c.

142 — Reliquaire en cuivre repoussé et doré orné de figures et d'ornements à jour. Le haut est orné de quatre cariatides supportant un dôme.

Travail de la fin du xvie siècle.

143 — Reliquaire époque Louis XIV, le pied repoussé de figures de Chérubins et de Madones est orné de chatons. Le haut est formé de six colonnes supportant un dôme.

H. 34 c.

144 — Calice en cuivre repoussé et doré, orné de chatons émaillés; le haut du vase est en argent.

Travail italien, époque Louis XIII.

145 — Calice en cuivre repoussé et doré, avec ornements et figures découpés à jour. Le haut du vase en argent.

Travail italien, même époque.

146 — Encensoir en cuivre argenté repoussé et bossages, couvercle découpé à jour, avec chaînes.

147 — Grand vase oriental en cuivre rouge gravé, forme cylindrique à couvercle.

148 — Beau vase oriental à couvercle, en cuivre jaune gravé et incrusté argent et or.

Beau travail très-ancien.

149 — Vase dans le même goût que le précédent.

150 — Vase oriental à fond plat, ornements et inscriptions gravés.

151 — Petit vase oriental en cuivre rouge, à ornements gravés et argentés.

152 — Grand vase oriental, forme ronde, cuivre rouge gravé.

153 — Un autre en cuivre jaune, avec ornements gravés.

154 — Plateau oriental en cuivre jaune, gravé et émaillé.

155 — Vase oriental forme ronde, en cuivre jaune gravé, orné de rosaces émaillées.

Travail très-ancien.

156 — Petit vase oriental, cuivre jaune, entièrement gravé,

157 — Vase oriental de forme élevée, à ornements et inscriptions en cuivre rouge finement gravé.

158 — Vase plus petit, ornements et inscriptions gravés, incrusté argent.

159 — Belle paire de chenets Louis XIII en cuivre ciselé, orné de têtes de mascarons et figures supportant un vase à flamme; avec garniture en fer ouvragé.

160 — Une paire de chenets Louis XVI, formés de deux vases reliés par une guirlande en feuillages chêne et glands.

Bronze doré.

161 — Deux bras-appliques à trois lumières, surmontés d'un vase et ornés d'une tête de bélier.

Bronze doré, époque Louis XVI.

162 — Une paire de chenets Louis XIII, en cuivre uni, forme élevée, garniture en fer ouvragé.

163 — Deux chenets lombards en bronze : Chien et chat en regard.

164 — Très-belle lampe de suspension en cuivre jaune repoussé, à bossages, avec enfants ailés et chaînes à boules.

165 — Paire de chenets à feuillages en bronze ciselé et doré. Époque Louis XVI.

166 — Deux flambeaux Louis XVI en cuivre jaune.

167 — Deux flambeaux formant cassolettes, de l'époque Louis XVI.

168 — Deux plus petits en cuivre argenté, même époque.

169 — Horloge-réveil Louis XIII, à clochetons et dôme cuivre gravé et doré. Monture ébène avec tiroir dans le socle.

170 — Petite pendule Louis XVI forme carrée, à clocheton et galerie à jour.

Bronze doré.

171 — Statuette de femme nue tenant une bannière déployée; elle est représentée debout sur une boule de forme sphérique.

Bronze italien du XVIe siècle.

H. 58 c.

172 — Sonnette en bronze florentin, ciselée, en relief, ornée du blason des ducs d'*Este*.

173 — Deux heurtoirs.

Bronze italien du XVIe siècle.

OBJETS EN FER FORGÉ

174 — Quinze trépieds italiens en fer forgé et ouvragé de diverses formes et grandeurs.

Plusieurs, d'un très-beau travail, seront vendus séparément.

175 — Deux appliques à trois lumières, fer forgé; fleurs et feuillages. Époque Louis XIII.

176 — Deux appliques en fer forgé, fleurs et feuillages. Époque Louis XIV.

177 — Heurtoir en fer gravé, orné de deux dauphins.

Travail italien du XVIe siècle.

178 — Heurtoir italien du XVe siècle, fer gravé, avec serpent.

CABINETS ITALIENS

MEUBLES ÉBÈNE INCRUSTÉS D'IVOIRE

179 — Grand cabinet italien à deux portes, en ébène, entièrement couvert de plaques en ivoire gravé de figures de guerriers, fleurs, trophées et paysages. Époque Louis XIII.

180 — Joli petit cabinet italien en ébène incrusté d'ivoire, ornements et rinceaux, tiroirs avec poignées à têtes de mascarons, porte abbattante gravée et incrustée d'ornements en ivoire.

181 — Petit cabinet italien du XVIe siècle, à colonnettes en marbre et tiroirs ornés de plaques en pierres dures de couleurs variées, ornements dorés, porte abbattante; le dessus s'ouvre avec glace.

182 — Grand cabinet italien en ébène, à tiroirs et porte monumentale, incrusté de filets d'ivoire.

183 — Table-bureau, pieds à balustre, dessus orné d'incrustations d'ivoire.

Travail italien, forme Louis XIII.

184 — Une petite table Louis XIII posée sur quatre pieds reliés par une X, ornements et frises en ivoire incrusté.

185 — Cabinet italien en ébène, orné de plaques à bossages, en écaille rouge.

186 — Jolie table Louis XIII, ornée d'incrustations en ivoire et de plaques en écaille rouge; pieds contournés reliés par une X. Repercée à jour.

187 — Deux chaises en ébène incrusté d'ivoire et de médaillons gravés de figures et rinceaux, pieds et dossier ornés de sculptures.

188 — Une Chaise, même genre.

189 — Jolie Plaque en ébène, incrustée d'ivoire, gravé d'un sujet représentant une Ronde d'Enfants, d'après l'Albane.

Beau travail.

190 — Coffret en ébène, avec filets d'ivoire; garniture en fer gravé.

191 — Très-belle pendule de nuit en ébène de forme monumentale, avec colonnes torses ornées de chapiteaux en bronze ciselé et doré; le fronton est surmonté d'un vase ciselé et doré, le cadran est décoré d'une peinture sur cuivre représentant un sujet mythologique, à la base, deux lions en bronze doré supportant le socle. Curieux mouvement de l'époque Louis XIII.

H. 120 c.

192 — Grande pendule monumentale en ébène, avec incrustations d'ivoire et frises à rinceaux en relief,

H. 65 c.

193 — Pendule Louis XIII, forme dite Religieuse, en ébène et palissandre, frise, cariatides et ornements en bronze doré, cadran gravé et doré. Bon mouvement sonnant les quarts et à carillon.

194 — Petite pendule de nuit en ébène et colonnes écaille ornées de chapiteaux et statuettes en bronze doré; le cadran est orné d'une peinture.

195 — Pendule Religieuse marquetée écaille, cuivre et étain; bon mouvement du temps, époque Louis XIII.

196 — Coffret persan, marqueterie ivoire et ornements dorés.

197 — Miroir mobile.

Travail persan.

BOIS SCULPTÉS & MEUBLES ITALIENS

198 — Très-beau meuble à deux corps en noyer sculpté; les portes et les tiroirs sont décorés de frises, ornements et rinceaux d'une grande finesse; les coins sont ornés de têtes d'enfants et feuillages formant cariatides.

Beau travail italien de la fin du XVIe siècle.

199 — Grand coffre de la renaissance italienne en bois de noyer, incrustations raphaélesques, blason fleurdelisé, mascarons et frises sculptés.

179 *bis* — Un autre coffre du même travail et de la même époque.

200 — Deux beaux guéridons en bois sculpté à trois pieds, avec figures de jeunes femmes supportant la table.

Travail vénitien.

201 — Petit guéridon en bois sculpté, avec figure d'enfant formant cariatide.

Travail vénitien très-fin.

202 — Grand coffre italien très-orné de sujets en relief, oiseaux et feuillages.

203 — Petit coffre Renaissance italienne en bois sculpté de rinceaux et cariatides.

Beau travail.

204 — Deux escabeaux à dossier en chêne sculpté; femmes ailées formant cariatides, têtes de mascarons, ornements et blason.

Travail italien, époque Louis XIII.

205 — Deux autres semblables.

206 — Deux chaises Louis XIII, noyer sculpté et marqueterie.

207 — Six chaises Louis XIII en noyer, dossier renversé à jour.

208 — Deux belles chaises Louis XIII, en bois sculpté, dossier et siége décorés de marqueterie de bois.

209 — Deux torchères, figures de nègres supportant une coquille, bois sculpté, avec ornements dorés.

Beau travail vénitien.

H. avec le socle, 150 c.

210 — Deux belles consoles en bois sculpté; les tables sont supportées par deux jeunes femmes se terminant en cariatides, ornements et volutes.

Travail vénitien.

H. 104 c. L. 122 c.

211 — Deux tabourets en bois sculpté et doré; des figures de nègres accroupis supportent le siége garni en damas rouge.

Travail vénitien.

212 — Deux autres du même goût.

213 — Deux torchères, figures de jeunes négresses, bois sculpté peint et doré.

Travail italien.

H. avec le socle, 160 c.

214 — Buste d'une Vierge, bois sculpté, draperies peintes avec ornements dorés.

Beau travail italien du XVIe siècle.

H. 52 c.

215 — Un autre, même travail.

H. 52 c.

216 — Une belle frise à ornements, rinceaux et figure de sirène, en bois sculpté et découpé à jour.

Travail italien d'une grande finesse, du temps de Louis XIV.

217 — Cage de cartel rocaille en bois finement sculpté.

Jolie pièce.

218 — Bordure italienne en bois sculpté et doré, ornements à jour.

219—220—221 — Six glaces appliques en bois sculpté et doré, rocaille.

Travail vénitien.

Seront vendues par deux.

222 — Trois grandes glaces à biseau de différentes dimensions, avec cadres en poirier noirci guilloché et gravé.

Travail italien, époque Louis XIII.

223 — Grande tapisserie ancienne représentant un sujet allégorique, avec grand nombre de personnages; bordure à figures et animaux.

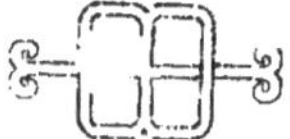

Renou et Maulde, imprimeurs de la Compagnie des Commissaires-Priseurs, rue de Rivoli, 144. 57690

www.ingramcontent.com/pod-product-compliance
Lightning Source LLC
LaVergne TN
LVHW020306230826
846091LV00006B/2556

* 9 7 8 2 3 2 9 5 2 3 8 6 6 *